Este libro ser de

Otros libros de mi amiga Paris

Publicado por:
New Year Publishing, LLC 144 Diablo Ranch Ct. Danville, CA 94506 USA

orders@newyearpublishing.com http://www.newyearpublishing.com
Ninguna parte de este libro puede ser reproducida o transmitida en cualquier forma o por cualquier medio, electrónico o mecánico, incluyendo fotocopia, grabación o por cualquier sistema de almacenamiento y recuperación de información, sin el permiso por escrito del editor, excepto por la inclusión de citas breves en una revisión.

© 2009/2016 by New Year Publishing, LLC Todos los derechos reservados.
Número de control de la Biblioteca del Congreso: 2009925973
ISBN: 978-1-61431-057-0
New Year Publishing LLC

NEW YEAR
PUBLISHING, LLC.

El primer cumpleaños de mis gemelas

Por Paris Morris

Mi nombre es Paris. Tengo dos hermanas gemelas y la semana que viene es su primer cumpleaños. Me siento un poco excluida.

Papá y yo escogimos sus tartas de cumpleaños.

Quería regalarlas hornos de cocina fácil, pero mamá pensó que podrían gustarles más los animales de peluche.

La mayoría de sus amigos eran gemelos y había mucho ruido cuando todos los invitados llegaron.

Ayudé a mis hermanas a soplar las velas de sus tartas.

Ellas no utilizan tenedores todavía así que hicieron un gran desastre. Sus amigos también.

Parecía que había regalos por todas partes.

Las ayudé a desenvolverlos.

Después todos los niños jugaron con el papel de envolver y con las cajas.

A Liberty le gustó el muñeco de Elmo que la abuela la regaló. A Victoria le gustaron los bloques. Intentó comérselos.

Estoy exhausta. Dar fiestas es un trabajo duro. Estoy encantada de tener hermanas gemelas.

www.ingramcontent.com/pod-product-compliance
Lightning Source LLC
Chambersburg PA
CBHW081331040426

42453CB00013B/2384